Ursula Koch

Die gelebte Botschaft

Frauen der Reformation

Agentur des Rauhen Hauses Hamburg

Inhalt

Vorwort

In der Schlosskirche zu Wittenberg stehen die bedeutenden Reformatoren in lebensgroßen Statuen: Martin Luther, Philipp Melanchthon, Caspar Cruciger ... Darüber sind Bronzemedaillons angebracht: Friedrich der Weise, Johannes Calvin, Joachim II. von Brandenburg ... 31 Männer, deren Wirken die Welt veränderte. In seinem Gedicht „Fragen eines lesenden Arbeiters" schreibt Bertolt Brecht: „Cäsar schlug die Gallier. / Hatte er nicht wenigstens einen Koch bei sich?"

Auch die Reformatoren hatten jemanden, der für sie kochte: Sie hatten Frauen.

Als Martin Luther Nonnen dazu ermutigte, das Kloster zu verlassen, half er ihnen zu einem weitgehend selbstbestimmten Leben. Weitgehend ... An die Stelle der Äbtissin trat der Ehemann. Sie mussten nicht mehr zu nächtlicher Stunde beten, aber die Sorge um das Wohlergehen der Kinder, um die zahlreichen Gäste, um die Pflege der Kranken und das Schicksal der Verfolgten raubte ihnen den Schlaf. Andere standen mittendrin im Kampf um die neue Lehre, wurden in der eigenen Familie isoliert und bedroht. Ohne die mutigen Frauen der Reformationszeit wäre die Botschaft von der Rechtfertigung aus Gnade nicht auf den Märkten und in den Spinnstuben weitergegeben worden, wären nicht Kinder mit Luthers Morgen- und Abendsegen aufgewachsen. Die Reformation war eine Sache der Theologen. Vielleicht wäre sie auch eine Sache der Theologen geblieben, wenn nicht die Frauen sie verstanden hätten und selbst Theologinnen geworden wären wie Katharina Zell in Straßburg. Wenn sie sich nicht eingemischt hätten wie Argula von Grumbach. Wenn sie nicht mutig widerstanden hätten wie Elisabeth von Brandenburg.

Von einigen kennen wir die Namen und wissen doch wenig von ihrem Leben – wie von Anna Reinhardt, die Zwingli – , und von Idelette de Bure, die Calvin heiratete. Wenige stehen so lebendig vor uns wie Luthers Käthe, deren Leben durch die Schriften ihres Ehemanns dokumentiert ist. Elisabeth Cruciger wurde durch den reformatorischen Glauben zur Dichterin. Stellvertretend für die zahllosen, namenlosen Frauen jener Zeit, die hofften und litten, steht die Täuferin Katharina Kreutter, von der wir nur durch ein Vernehmungsprotokoll erfahren. Und hinter ihnen stehen all die anderen, die wohl wie die Männer in der Schlosskirche ein Bronzemedaillon verdient hätten.

Unsere Erinnerung muss genügen. Wir verneigen uns vor ihnen – vor der Frau eines Handwerkers ebenso wie vor der Kurfürstin – und hoffen mit ihnen, dass es einmal wahr wird, was der Apostel Paulus schreibt (Galater 3,28):
„Hier ist nicht Mann noch Frau; denn ihr seid allesamt einer in Christus Jesus."

Der Morgenstern von Wittenberg

Katharina Luther („die Lutherin"),
geb. von Bora
(1499 - 1552)

„Er" war verantwortlich. „Er" hatte die Texte geschrieben, die sie heimlich im Kloster gelesen hatten. Von ihm wurde Leonhard Koppe, der Kaufmann aus Torgau, beauftragt, die Nonnen aus dem Kloster zu holen, heimlich, bei Nacht.

Sie hatten die Nonnenhaube abgelegt. Nun musste er dafür sorgen, dass sie wieder unter die Haube kamen, die Haube der verheirateten Frau. Ohne Schutz, ohne Haube konnte eine Frau in dieser Gesellschaft nicht leben. Martin Luther empfing die „entlaufenen Nonnen" in Wittenberg und war bereit, die Verantwortung zu übernehmen. Es gab ja genug Theologen, die den neuen Glauben angenommen hatten und denen er nun zur Heirat riet, dringend! Sich selbst nahm er dabei nicht aus.

Eine von den neun jungen Frauen gefiel ihm durchaus. Das war – Ave von Schönfeld. Aber ehe sich Luther recht besann, hatte ein Arzt

Lucas Cranach d. Ä.,
Katharina von Bora, ca. 1528

sie heimgeführt. Auch die anderen fanden Ehemänner, bis auf eine, die zu alt war und der man eine Mädchenschule anvertraute, und eine andere, Katharina von Bora.

Sie hatte, wie so viele andere Kinder, schon früh die Mutter verloren. Hans von Bora brachte seine kleine Tochter ins Kloster nach Brehna, dort aber war es wohl zu teuer, die Zisterzienserinnen in Nimbschen waren bescheidener wie auch ihr Kloster, Marienthron, das in einer feuchten Niederung lag. Mit zehn Jahren wurde Katharina aufgenommen, die Äbtissin, eine Cousine ihrer Mutter, war wohlwollend, Magdalena von Bora, eine Schwester des Vaters, schenkte ihr menschliche Wärme. Katharina lernte Latein, lernte die Psalmen auswendig, machte Handarbeiten. Die Jahre vergingen, und es wäre bis an ihr Ende so weitergegangen, wenn nicht die Ideen des Doktor Martin Luther aus Wittenberg sie erreicht hätten, die kühne Vorstellung, dass nicht die guten Werke, sondern die Gnade den Menschen erlöse, und so ein Christenmensch frei sei zu tun, wozu es ihn treibt, denn „ein Christenmensch ist ein Herr aller Dinge."

In Wittenberg, beim ehrbaren Stadtschreiber untergebracht, traf Katharina sehr bald einen jungen Mann, der ihr mit seinem feinen Wesen und seiner edlen Gestalt wie die Erfüllung aller heimlicher Sehnsucht erscheinen musste. Er warb um sie, im Frühling in den Elbauen versprachen sie einander Treue. Hieronymus Baumgärtner brach zu seinen Eltern ins ferne Nürnberg auf. Es verging mehr als ein Jahr, und er kam nicht wieder. Katharina arbeitete jetzt im Haus der Familie

Ruine des Zisterzienserinnenklosters Nimbschen

Ehemaliges Augustinerkloster („Schwarzes Kloster") in Wittenberg (Lutherhaus)

des Malers Lucas Cranach. Sie wurde krank vor Sehnsucht und Schmerz. Da schrieb Luther einen Brief und erbat die Entscheidung. Schließlich war er verantwortlich, auch für Katharina von Bora.

Als die Absage aus Nürnberg kam – die vornehmen Baumgärtners hatten doch etwas anderes mit ihrem Sohn vor –, fand Luther einen anderen Mann für Katharina, aber die war vom Krankenlager aufgestanden und erklärte trotzig: „Den Glatz nehme ich nicht." Über diese Unverschämtheit waren Luther und sein Freund Nikolaus Amsdorf, der das Gespräch geführt hatte, empört. Den Nachsatz scheinen sie überhört zu haben, er ist jedoch überliefert: „Wenn Sie (Amsdorf) oder Luther mich nehmen wollten, dann würde ich nicht ‚Nein‘ sagen."

Im Frühjahr 1525 wollte Luther eigentlich sterben. Der blutige Bauernkrieg, die Zerstörung jahrhundertealter Ordnung – und das unter Berufung auf das heilige Evangelium: Es konnte nur das Ende bedeuten, entweder das Ende der Welt oder das seines Lebens. Er schrieb an Freunde von seinem

Tod – und dann schrieb er von seiner Heirat. Natürlich hätte Katharina auch als Luthers junge Witwe eine einigermaßen sichere soziale Stellung gehabt – und es gab ein paar Silberbecher, die sie vielleicht geerbt hätte. Aber nach der Hochzeit im Juni 1525 ist in Luthers Briefen vom Sterben nicht mehr die Rede. Auch nicht von „Josephsehe", die er einmal für möglich gehalten hatte. Katharina und Martin hatten Freude aneinander. Sie erwarteten bald ein Kind, und die Freunde und Feinde in ganz Deutschland warteten mit. Aus der Verbindung zwischen Mönch und Nonne konnte nur der „Antichrist", entstehen, glaubten die einen, fürchteten die anderen. Katharina war mutig gewesen, als sie aus dem Kloster floh. Sie brauchte wieder sehr viel Glaubensmut in ihrer Schwangerschaft. Jubelnd verkündete Luther schließlich in einem Brief aller Welt, dass Käthe einen gesunden Jungen zur Welt gebracht habe.

„Mein Herr Käthe" pflegte Luther sie bald zu nennen, obwohl sie immer mit größtem Respekt zu ihrem „Herrn Doktor" sprach. Aber er hatte bald begriffen, dass es besser war, wenn sie im Hause den Ton angab, das Geld verwaltete (von dem er meinte, dass er es gar nicht brauchte), die Mägde zur Arbeit anhielt, das Vieh versorgte, in den Gärten Gemüse und Obst anbaute, im Fischteich Karpfen zog und mit den Marktfrauen handelte. Ihr Tag begann früh, sie war der „Morgenstern von Wittenberg", und legte sich erst schlafen, wenn Mensch und Tier im alten „Schwarzen Kloster", das der Kurfürst der Familie Luther übereignet hatte, zur Ruhe gingen.

„Lutherstube"
im Lutherhaus
Wittenberg

*Lucas Cranach d. Ä.,
Martin Luther 1528*

Sechs Kinder wurden den Luthers geboren, zwei davon starben und wurden von den Eltern tief betrauert – vor allem das 13-jährige Lenchen, des Vaters Liebling. Ungefähr acht Kinder aus der Verwandtschaft lebten außerdem im Haus. Die zahlreichen Studenten, an die Katharina Zimmer vermietete, sorgten für ein geregeltes Einkommen.

Um den Tisch saßen zwanzig oder mehr Personen und wollten satt werden, nicht nur von dem, was die Köchin Dorothea kochte, sondern auch von der Weisheit Martin Luthers, die er während der Mahlzeiten äußerte. Während über die Bedeutung der guten Werke gestritten wurde, musste Katharina den Überblick behalten. Die Kinder aßen in der Küche, Alte und Kranke wurden in den Kammern gepflegt. Gäste

kamen aus aller Welt. Sie bete zu wenig, rügte Luther seine Frau. Da soll sie denn nur geseufzt haben: „Im Kloster hatte ich mehr Zeit dazu."

Luther war oft krank, Katharina behandelte ihn mit Säften und Bier, aber vor allem heiterte sie ihn auf, wenn er einmal wieder am Lauf der Welt verzweifelte. Im Februar 1546 musste er zu den Grafen von Mansfeld reisen, um einen Streit zu schlichten. Von dieser Reise sandte er seinem „Herrn Käthe" noch sechs Briefe, unterschrieben mit „Dein altes Liebchen". In Eisleben ist er gestorben und wurde in feierlichem Zug im Sarg nach Wittenberg gebracht.

*Katharina von Bora,
Grabplatte in der Stadtkirche St. Marien in Torgau*

Luther im Kreise seiner Familie, Gemälde von Gustav Adolph Spangenberg 1866

Sechs Jahre hat Katharina ihn überlebt: Krieg, Flucht, Kampf um das Erbe, Verlust aller Güter und schließlich ein Sturz auf dem Weg nach Torgau. Sie musste drei Monate leiden, bis sie endlich, kurz vor Weihnachten 1552, erlöst wurde. Sie wolle nicht nur das Gewand des Heilands berühren, sondern wie eine Klette daran kleben, sagte sie auf dem Sterbebett. In Torgau, wo ihr neues Leben Ostern 1523 begonnen hatte, wurde sie in der Marienkirche begraben.

Nicht um Frankreich noch um Venedig
will ich meine Käthe hergeben.
Sie ist mir von Gott gegeben, wie ich auch ihr.

Aus den Tischreden Martin Luthers

Die Briefeschreiberin

Argula von Grumbach
(1490 - 1554)

Als sie zehn Jahre alt war, schenkte Bernhardin von Stauff seiner Tochter Argula die Bibel in deutscher Übersetzung von Anton Koberger. Eigentlich hatten der Papst und die Kirchenoberen einfachen Menschen die Lektüre der Bibel verboten. Aus gutem Grund, wie sich zeigen sollte.

Nun saß das kleine Mädchen noch im Dunkeln beim Schein einer Kerze und las. „Es werde daz liecht un das liecht ist geworden ..." Sie las die uralten Geschichten von Kain und Abel, von Noah, und auch von Deborah, der Richterin, Judith, der Kämpferin. Dazu betrachtete sie die bunten Bilder. Sie las weiter, was der Herr Jesus den Frauen sagte, selbst denen, die von allen verachtet wurden. Manche Geschichten las sie zwei-, drei-, viermal, bis sie auswendig hersagen konnte, was der Herr Jesus gepredigt hatte.
Es war Krieg, die Pest ging durchs Land, der Vater starb, die Mutter starb. Das Mädchen

Argula von Grumbach
auf einer Porträtmedaille um 1520

wurde dem Herzog von Bayern anvertraut und lernte die Sitten des Hofes. Im Jahre 1516, sie war 24 Jahre alt, heiratete sie den Ritter Friedrich von Grumbach und zog mit ihm ins Altmühltal.

Als junge Mutter und Frau eines herzoglichen Beamten mit solidem Einkommen widmete sie sich ganz den herkömmlichen Geschäften: den Haushalt führen, das Gesinde anleiten, die Kinder erziehen, die Gäste des Herrn Gemahl bewirten – und natürlich sonntags zur Messe gehen, den Geistlichen am Tisch zuhören, auch wenn sie mehr von der Jagd und ihren Pfründen sprachen als von der Seelsorge ...

Schöpfungsdarstellung in der Koberger-Bibel 1483, Erschaffung der Eva in der Rose, Leipziger Stadtarchiv

Aber dann erreichte eine Nachricht das Haus der Grumbachs. Im fernen Sachsen hatte ein Mönch aufbegehrt gegen den Ablasshandel. Dieser Mönch kannte die Bibel. Auch Argula kannte die Bibel.

Und während die anderen sich den Mund zerrissen über die Ketzerei, las sie nach. Und sie fand: Er hat recht! „Was verstehst du davon?", sagte ihr Mann abfällig. Er las keine Bücher. Er glaubte dem Priester, der ihm erklärte, was Gottes Wille war – z. B. dass die Frau dem Manne untertan sein sollte.

Aber Argula las nun nicht mehr nur die Bibel. Sie schrieb nach Wittenberg und ließ sich jedes Flugblatt bringen, das auf den Märkten zu haben war. Heimlich las sie die Schriften des Martin Luther und verglich sie mit dem, was in ihrer Bibel stand. Immer deutlicher spürte sie: Er hat recht.

Die neue Lehre breitete sich aus, auch wenn der Mönch vom Reichstag in Acht und Bann getan wurde. Ein überzeugter Anhänger Martin Luthers, der junge Magister Arsacius Seehofer, lehrte seine Studenten an der Universität Ingolstadt, so wie er es in Wittenberg gelernt hatte. Aber da ging ein Geschrei los! Man legte ihn in Fesseln und drohte ihm mit Folter und Scheiterhaufen. Seehofer widerrief. Die Nachricht drang bis ins Altmühltal. Argula machte sich auf, um in Nürnberg die Pfarrer aufzusuchen, die in der freien Reichsstadt die neue Lehre eingeführt hatten. Sie sprach mit Osiander und forderte ihn auf, dem jungen Seehofer zur Hilfe zu kommen. Aber Osiander sah keine Möglichkeit, in den Streit einzugreifen. Ingolstadt war weit.

„Aber irgendjemand muss doch den jungen Mann vor seinen Verfolgern retten! Wenn Ihr es nicht tun wollt, nun, dann werde ich ihnen schreiben!"

„Was lehret dich Luther und Melanchthon anders denn das Wort Gottes? Ihr verdammt sie unüberwunden. Hat euch das Christus gelehret oder seine Apostel, Propheten oder Evangelisten? Zeigt mir, wo es

Wappen der Familie von Grumbach

stehet, ihr hohen Meister! Ich finde es an keinem Ort der Bibel, dass Christus noch seine Aposteln oder Propheten eingekerkert, gebrennet noch gemordet haben ... Man weiß wohl, wiefern man der Obrigkeit gehorsam sein soll. Aber über das Wort Gottes haben sie nichts zu gebieten ..."

Sie schrieb drei Briefe. Die Mägde sahen das Licht, das noch spät in der Nacht in ihrer Kammer brannte. Friedrich wartete vergeblich, dass seine Frau sich zu ihm ins Bett legte. Stattdessen schrieb sie an die Universität, an den Rat von Ingolstadt und an den Herzog von Bayern. Keiner hat ihr geantwortet. Einer Frau antwortete man nicht. Im Gegenteil: Sie wurde verlacht, auf den Straßen durch ein Spottlied verhöhnt, in ihrer Familie beschimpft. Der Herzog entzog zur Strafe dem Ehemann alle Ämter und stieß die Familie in den Ruin. Friedrich war duldsam gewesen, so lange es um Theologie ging, aber als seine Existenz zerstört wurde, schnaubte er vor Wut – und schlug zu. Das Recht stand ihm als Ehemann zu. Argula ertrug alles und bewahrte ihre Würde. Und sie schrieb. Sie schrieb an Luther, sie schrieb an ihren Vetter – und ihre Briefe, auch wenn sie keine Antwort bekam, wurden gelesen: nicht in den Kanzleien der Fürsten und Bischöfe, aber auf den Märkten! Neben den Flugschriften der Freunde und Feinde Luthers erschienen die Briefe der Argula von Grumbach in Tausenden von Exemplaren. Eine Frau gab sie der Nachbarin, die Nachbarin ihrer Kusine und auch die Frau des Lehrers las sie. Die Botschaft war neu. Und dass eine Frau sie schrieb, war unerhört. Im Jahr des Augsburger Reichstags 1530 traf

Feste Coburg, Westansicht

sie Martin Luther auf der Veste Coburg. Etwa um die gleiche Zeit starb ihr Mann. In die Öffentlichkeit trat sie nicht mehr, aber ihre vier Kinder ließ sie in der evangelischen Lehre erziehen. 1532 heiratete sie einen protestantischen Grafen, wurde jedoch schon bald zum zweiten Mal Witwe. Drei ihrer Kinder musste sie begraben. Sie zog sich zurück und starb wahrscheinlich 1554 in Zeilitzheim (Franken). Nach anderer Überlieferung wird sie mit einer alten „Staufferin" gleichgesetzt, die man 1563 in Straubing ins Gefängnis warf, weil sie „einfältige Untertanen" zum lutherischen Glauben bekehren wollte.

Die edelste Frau Argula von Stauffen kämpft einen gewaltigen
Kampf mit großem Geist und reich an Worten
und Erkenntnis Christi. Sie ist es wert, dass wir alle für sie beten,
damit Christus in ihr triumphiere.

Aus einem Brief Martin Luthers

Stilles Leiden

Idelette Calvin,
geb. de Bure
(1507 - 1549)

Idelette Calvin de Bure
auf einer belgischen Briefmarke

Die Familie des Jean Stordeur kam 1533 aus Lüttich nach Straßburg. Sie hatte alles hinter sich gelassen, die Sicherheit einer bürgerlichen Existenz, das Erbe der Frau Idelette.

Mit ihren beiden kleinen Kindern flohen sie vor den Häschern der katholischen Partei als getaufte und nach Meinung ihrer Verfolger <u>wieder</u> getaufte Christen. Aber Idelette und Jean glaubten nicht mehr an die Sakramente der Kirche, zu ihnen sprach der Heilige Geist.

Aus Genf kam Johannes Calvin, auch er ein Flüchtling um seines Glaubens willen. Er hatte Ernst machen wollen mit der neuen Lehre, mit Recht und Ordnung. Die Bürger ertrugen seine Strenge nicht und vertrieben ihn. Der Reformator Martin Bucer bat den hochgebildeten Juristen und Theologen, die Verantwortung für die französisch sprechenden Flüchtlinge in der Stadt zu übernehmen. Eines Abends klopfte Calvin an die Tür der Stordeurs. Idelette und Jean saßen am Tisch, über die Bibel gebeugt. Ihre Kinder schliefen. Sie lasen die Geschichte von der Taufe Jesu am Jordan.

„Warum tauft ihr immer noch unmündige Kinder?", fragten sie Calvin.

„Habt ihr nicht gelesen – bei Matthäus im 28. Kapitel?" Mit brennenden Augen legte er ihnen den Taufbefehl aus. „Nicht der Mensch handelt, sondern Gott!"

„Aber uns hat nicht das Wasser, uns hat der Heilige Geist zu neuen Menschen gemacht!"

Sie rangen miteinander um den rechten Glauben. Sonntags hörten sie Calvin predigen. Immer wieder kehrte er bei ihnen ein, saß mit ihnen am Tisch und beschwor das Handeln Gottes, wie es sich in der Heiligen Schrift offenbarte – bis sie ihm eines Tages bekannten: „Wir haben eingesehen, dass du recht hast." Tief bewegt umarmte er Stordeur. „Bruder!" Seine Augen leuchteten in dem sonst so verschlossenen, hageren Gesicht. Ein paar Monate später traf Calvin die Familie in tiefer Sorge. Jean Stordeur lag krank. Eine Seuche ging um in der Stadt. Idelette saß an seinem Bett, die Kinder weinten. Calvin trat ohne Furcht vor Ansteckung in ihr Zimmer. Er segnete den Sterbenden und verhieß ihm die ewige Seligkeit. In der Nacht starb Jean Stordeur.

Martin Bucer ermahnte Calvin, es den anderen Reformatoren gleich zu tun und zu heiraten. Calvin fand eine Frau, die ihm geeignet erschien, aber bei näherer Bekanntschaft erkannte er, dass sie wohl kaum zueinander passen würden. „Die Anmut, die mich für eine Frau einnehmen könnte, ist Zucht, Nachgiebigkeit, Bescheidenheit, gutes Haushalten, Geduld", schrieb er an den Mitstreiter Farel. Aber dann sah er an einem Sonntag Idelette in ihrem Witwenkleid mit den Kindern in der

Johannes Calvin

Kirche St. Nikolaus, er sah ihre Andacht und kannte ihr sanftes Wesen. Einige Tage noch zögerte er, dann bat er Idelette um ihre Hand. Sie senkte den Kopf und flüsterte: „Ja."

Calvin wollte nach Genf zurück. Briefe gingen hin und her. Kurz nach der Hochzeit kam sein alter Freund Ami Perrin mit einer Botschaft. Der Rat wünschte, dass Calvin zurückkehre. Idelette zögerte. „Und die Kinder?" „Sie werden mitkommen." Im September 1541 zog Calvin nach Genf. Idelette folgte ihm wenig später. Am 28. Juli 1542 kam ihr Sohn Jacques zur Welt, wurde getauft und – starb. „Eure Frau ist sehr krank", sagte die Köchin. Calvin kehrte von einer Sitzung des Rates zurück. Die Kirchenordnung war seit November 1541 angenommen, es würde in Genf keine Unzucht mehr geben und keine Ketzerei. Calvin hatte sich durchgesetzt, denn alles, was er forderte, konnte er aus der Heiligen Schrift begründen. Aber es erhoben sich doch immer neue Widersprüche, er musste kämpfen.

„Eure Frau ist sehr krank", sagte der Hausknecht. Die Tochter Judith kam aus dem Zimmer der Mutter. Als sie Calvin sah, senkte sie den Blick.

„Wie geht es?" „Sie verlangt nach Euch."

Als er an ihr Bett trat, wandte sich Idelette ihm zu. „Gott hat uns gestraft. Er hat uns den Sohn genommen."

„Nein. Die Verfolgten in Frankreich sind unsere Söhne. Für alle Gläubigen sind wir verantwortlich. Steh auf! Füge dich in Gottes Willen! Er ist der Vater. Er weiß, was seinen Kindern gut tut."

Idelette stand auf. Sie schleppte sich durch ihre Tage. Wenn Gäste kamen, nahm sie alle Kraft zusammen und setzte sich mit ihnen an den Tisch. Die Kinder ermahnte sie ruhig zu sein, wenn sie lärmten. Tagsüber saß sie manchmal im Sessel in Calvins Arbeitszimmer und beschäftigte sich mit einer Handarbeit. Wenn er Briefe schrieb, richtete sie Grüße aus, selten schrieb sie mit eigener Hand.

„Die Nachbarin ist sehr krank. Könntest du sie besuchen und ihr Trost zusprechen?"

„Ich will es versuchen", sagte Idelette.

Drei Jahre lang ging die Pest durch Genf. Die Menschen suchten nach denen, die sie verbreiteten, die Haustürschlösser mit giftigen Salben bestrichen. Es wurden Namen genannt. Man kam und sagte es Calvin. Mit loderndem Blick stieg der Prediger am Sonntag auf die Kanzel. „Wir werden sie ausrotten. Des Teufels Werke werden wir ausrotten aus unserer Stadt. Wehe denen, die sich dagegen stellen."

34 Männer und Frauen wurden 1545 in Peney verhaftet und so grausam, wie es nur möglich war, gemartert. Ihre Geständnisse widerriefen die meisten, wenn die Folterknechte von ihnen abließen. Doch Calvin ließ keine Einwände gelten. Am 19. November trat er vor den Rat und forderte eine Verschärfung der Verfolgung. Er war sich sicher: „Eine Hexe sollst du nicht am Leben lassen. – Exodus, Kapitel 22, Vers 7. Wer widerspricht dem Wort der Schrift?" „Aber – "

„Es gibt kein ,Aber'."

In keiner anderen Stadt wurden in diesen Jahren so viele Menschen gefoltert und hingerichtet wie in Genf.

„Hexenflug", Miniatur in einer Handschrift, 1451

Idelette lag auf ihrem Bett, als sie die gellenden Schreie auf der Straße hörte. Sie schleppten die Hexe vor das Haus der Nachbarin, die an der Pest gestorben war. Eine johlende Menge hinterher, mit glühenden Eisen, Messern und Ruten. Idelette bäumte sich auf und presste das Gesicht in ein Kissen. Es dauerte lange, zu lange, bis endlich nichts mehr zu hören war als das Hohnlachen der Henker. Abends saß die Familie am Tisch. Calvin kam zu spät zum Essen. „Ich musste mit dem Kirchenbann drohen", sagte er und ballte die Fäuste. „Es gab welche, die meinten, wir seien zu streng, aber das Wort des Herrn ..."

Mit weit aufgerissenen Augen sah Judith den Stiefvater an. Idelette beugte sich über ihren Teller. Sie aß wenig, stand auf und bat den Ehemann um Erlaubnis, sich zurückziehen zu dürfen. Im Haus herrschte tiefes Schweigen. Nach den Hexenprozessen von Peney lebte sie noch vier Jahre lang still an der Seite ihres Mannes, dessen Name in ganz Europa mit Ehrfurcht von den Vertretern des reformierten Glaubens genannt wurde. Besucher kamen nach Genf und sahen, wie die Kirche Ordnung und Zucht durchsetzte. Immer seltener erschien die Frau des Reformators in der Öffentlichkeit. Als sie am 29. März 1549 im Sterben lag, rief man Calvin an ihr Bett. Bevor er kam, saß ein Freund bei ihr und berichtete später, sie habe laut gebetet: „O Gott Abrahams und

Flugblatt über die Verbrennung einer angeblichen Hexe, die 1531 mit dem Teufel die Stadt Schiltach verbrannt haben soll

aller unserer Väter, schon seit Jahrhunderten haben alle Gläubigen auf dich gehofft und keiner ist enttäuscht worden: So harre denn auch ich deiner!"

Als Calvin kam, konnte sie nicht mehr sprechen und gab still den Geist auf. Die Freunde wunderten sich, wie gefasst Calvin auf den Tod seiner Frau reagierte.

So lange sie lebte, war sie mir eine treue Helferin in meinem Amt. Von ihr ist mir nie auch nur das geringste Hindernis in den Weg gelegt worden.

Johannes Calvin in einem Brief nach dem Tod seiner Frau

Da ist kein Unterschied mehr

Katharina Kreutter
(1466 - 1525?)

Als die Männer in das Haus des Aufrührers Claus Kreutter eindrangen, fanden sie ihn nicht mehr. Der Gerber aus Mühlhausen war geflohen. Nur seine Frau Katharina trat ihnen entgegen, eine alte Frau mit eingefallenen Wangen.

„Wo ist er?"

Sie zuckte die Achseln.

„Weib -!" Drohend hielt einer ihr das Messer an die Gurgel. Sie sah ihn ruhig an.

„Er ist fort."

Da hatte schon ein anderer die Truhe aufgebrochen und hielt triumphierend einen silbernen Leuchter in die Höhe.

„Der ist aus dem Pfarrhaus! Gestohlen habt ihr, geplündert! Wo ist der Mann? Wir werden dich lehren zu schweigen!"

Sie räumten die Truhe leer, warfen die Frau in die Werkstatt und verriegelten die Tür. Nach drei Tagen kamen sie wieder. Katharina, halb verhungert und verdurstet, konnte

*Müntzer-Denkmal vor dem Frauentor
in Mühlhausen*

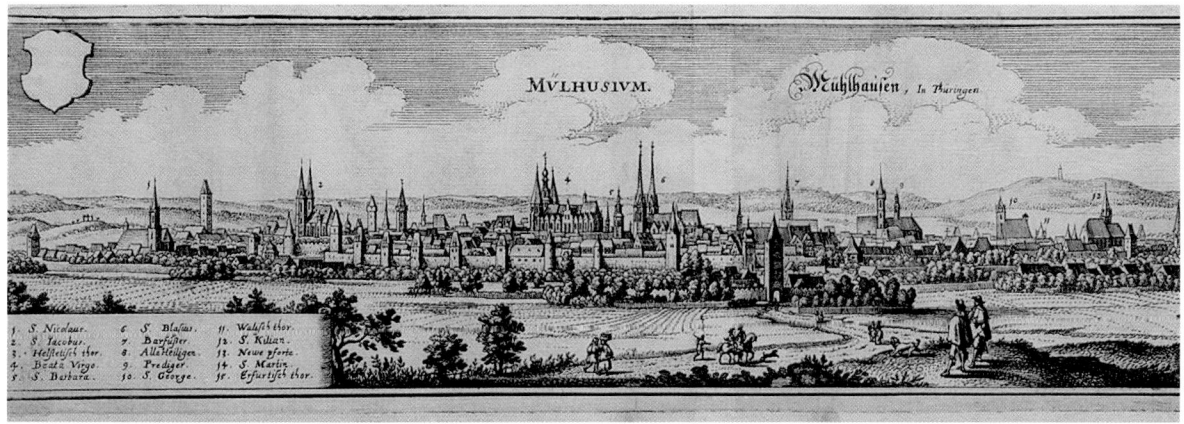

Mühlhausen/Thüringen, Kupferstich von Matthäus Merian d. Ä. (1593-1650)

nicht mehr laufen. Sie schleppten sie in einem Backtrog ins Gefängnis. „Man wird dich verhören. Der Henker steht bereit."

In Mühlhausen wüteten die Sieger. Vor den Toren der Stadt hatten sie die Anführer des Aufruhrs hingerichtet. Nun machten sie Jagd auf alle, die Thomas Müntzer gefolgt waren, die mit den Bauern der Obrigkeit trotzen wollten, die bei Martin Luther gelesen hatten: „*Ein Christenmensch ist ein freier Herr aller Dinge und niemand untertan.*"

Sechstausend Tote lagen auf dem Schlachtfeld bei Frankenhausen, und der Reformator in Wittenberg tobte gegen die „*räuberischen und mörderischen Rotten der Bauern*". Alles war erlaubt, denn die Ordnung stand auf dem Spiel. Sie hatten den zweiten Satz zu lesen vergessen: „*Ein Christenmensch ist ein dienstbarer Knecht aller Dinge und jedermann untertan.*"

Nun mordeten statt der Bauern die Landsknechte, und die Diener des alten Rates und der Kirche zerrten auch Katharina vor ihr Gericht.

Katharina Kreutter bekannte im Juni 1525 ihre Schuld. In der Chronik der Stadt Mühlhausen wurde ihr Bekenntnis festgehalten. Furchtbare Verbrechen hatte nicht nur ihr Mann begangen, sie selbst gestand unter der Folter, die Glocken geläutet zu haben, als aufrührerische Bürger Weihnachten 1523 die Kirche St. Blasius stürmten und das Pfarrhaus plünderten. Sie war dabei, als man den Pfarrer durch die Straßen jagte. Das goldene und silberne Gerät schleppten Frauen in ihre armseligen Haushalte, denn eine neue Zeit war angebrochen. Endlich sollte das Reich Gottes Wirklichkeit werden, endlich der Reichtum allen gehören. Der alte feiste Pfarrer, der in unverständlichem Gemurmel die Messe las und sich nur für seine Pfründe interessierte; die Oberen, die ihn gewähren ließen und Recht sprachen für die Reichen gegen die Armen; über sie brach das Gericht Gottes herein. „*Gott wird wunderbare Dinge tun mit seinen Auserwählten, sonderlich in diesem Lande*", predigte Thomas Müntzer. Katharina glaubte ihm. Fast sechzig Jahre lang hatte Katharina Kreutter sich untergeordnet wie alle anderen Frauen, war zur Messe gegangen und hatte ihre Sünden gebeichtet, für den Ablass bezahlt und den Pfarrer gleichzeitig sündigen sehen. Aber dann endlich war die Zeit gekommen, Gottes Willen zu verwirklichen. Mit Müntzer und seinen Freunden saß

Marienkirche in Mühlhausen

sie um den Tisch und hörte zu, wenn sie davon sprachen, wie gut nun alles werden müsste. Sie brachte den Männern Brot und Bier, las das Evangelium mit ihnen und verstand: *„Selig seid ihr Armen, denn das Reich Gottes ist euer ...“*

Alle Unterschiede sollten aufgehoben werden, auch die zwischen Mann und Frau. Katharina wurde von Gleichgesinnten getauft, denn die kirchliche Taufe galt nichts mehr. Der Heilige Geist erleuchtete sie und sie begann zu predigen. Auch die Männer hörten ihr zu. Als sie gepredigt hatte, fühlte sie den Willen Gottes und griff nach Brot und Kelch. Eine Frau hielt die Messe! Die Anführer der Gemeinde ließen sie gewähren. Katharina machte wahr, was sie verkündet hatten: das Priestertum **aller** Gläubigen. Nichts mehr schien unmöglich, die Bekehrten brauchten keinen Mittler mehr, keine Kirche, keine Geistlichen. Auch die Gaben des Heiligen Geistes gehörten ihnen allen.

Nun stand die alte Frau mit erhobenem Haupt vor den Richtern. Sie gestand alles, die Schmerzen der Daumenschrauben ertrug sie nicht lange. Aber als sie sich erinnerte, wie es war, wie sie alle gemeinsam Gott gepriesen hatten, Männer und Frauen, Arme und Reiche, Handwerker und Bettler, da blitzte es noch einmal auf in ihren Augen.
Die Strafe war am Ende „milde“, denn sie hatte bekannt. Dass sie den Aufenthaltsort ihres Mannes nicht wusste, schien selbst den Richtern glaubhaft. Sie wurde von den Folterknechten aus dem Gefängnis gezerrt. Ihre Wangen waren von flammenden Eisen

Mühlhausen, Stadtmauer und Frauentor

verbrannt. „Lauf, Alte, lauf!" Man jagte sie durch die Stadt, wenn sie stolperte und stürzte, sausten die Ruten auf ihren Rücken. Das Tuch zerriss, eine blutige Spur blieb auf den Steinen. Johlende Männer standen am Straßenrand, andere sahen betroffen zur Seite. Am Frauentor stieß man sie hinaus und ließ von ihr ab. Irgendwo am Weg wird sie gestorben sein: eine von Tausenden, die in den Wirren der Reformationszeit grausam bestraft wurde, weil sie den „falschen Glauben" hatte.

Aber am Volke zweifle ich nicht.
Ach du rechtes, armes, erbarmungswürdiges Häuflein,
wie durstig bist du nach dem Wort Gottes!"

Thomas Müntzer, Prager Manifest 1521

Die Liebe ist wichtiger

Katharina Zell,
geb. Schütz
(1497 - 1562)

Im Jahr 1525 näherte sich ein unübersehbarer Zug von Menschen den Toren der freien Reichsstadt Straßburg. Es war kein feindliches Heer, das da heranzog: Frauen, Kinder und Alte in zerlumpten Kleidern, weinend vor Hunger; verwundete Bauern, Todesangst im Blick.

Es war Krieg, der blutigste, den das Land bis dahin gesehen hatte. Der Rat der Stadt versammelte sich. „Macht die Tore auf!", riefen die einen. „Schickt sie fort!", befahlen die anderen. „Wir müssen sie aufnehmen", sagte die Frau des Pfarrers Matthäus Zell zu ihrem Mann.
„Aber wie willst du sie unterbringen?"
Katharina Zell und der Armenpfleger berieten mit einflussreichen Gemeindegliedern. Die Tore wurden geöffnet. Etwa 3 000 Flüchtlinge strömten in die Stadt, in der 25 000 Menschen lebten. In der Kirche des heiligen Franziskus wurden die meisten untergebracht. Andere kamen ins Pfarrhaus, belegten alle Kammern und Keller. Als immer noch Frauen und Kinder auf der Straße standen, ging Katharina von Haus zu Haus. Sie wusste, wie sie die Gläubigen überzeugen konnte: „Ich bin hungrig gewesen ... Ich bin nackt gewesen ..." Kaum jemand wagte es, ihr die Hilfe zu verweigern. Ein halbes Jahr lang versorgten die Straßburger die Flüchtlinge. Als der Krieg zu Ende war, zogen die Bauernfamilien in ihre Dörfer zurück.

Damals war Katharina gerade einmal zwei Jahre lang mit dem evangelisch gewordenen „Leutepriester" Matthäus verheiratet. Der Reformator Martin Bucer hatte sie getraut, der Erzbischof sie exkommuniziert. Katharina selbst wandte sich in einer Schrift an die Öffentlichkeit und verteidigte leidenschaftlich und klug die Priesterehe und ihr Recht, als Frau in Glaubensdingen Stellung zu nehmen: „Paulus sagt: Die Weiber sollen

Karte von Straßburg 1572

schweigen. Antworte ich: Weißt aber nicht auch, dass er sagt Galater 3: In Christus ist weder Mann noch Weib; und dass Gott im Propheten Joel sagt im 2. Kapitel: Ich werde ausgießen von meinem Geist über alles Fleisch und eure Söhne und Töchter werden weissagen ...."

Wenn Zell im Münster predigte, strömten Tausende herbei. Die Botschaft Martin Luthers überzeugte die Menschen, so wie sie die junge Katharina überzeugt hatte. Das junge Mädchen, Tochter eines Schreinermeisters, war inständig bemüht, nach Gottes Willen zu leben und verzweifelte über die eigene Sündhaftigkeit und ihr Scheitern. Erlöst von der Angst vor der ewigen Verdammnis fühlte sie sich nun zum Dienst an den Nächsten berufen und öffnete die Türen des Pfarrhauses weit für alle, die heimatlos, verfolgt und schutzbedürftig waren.

Darunter waren achtzig reformatorisch gesinnte Männer, die aus einer Nachbarstadt vertrieben worden waren; die Reformatoren Zwingli, Oekolampad, Calvin; dreißig Delegierte aus allen Teilen Deutschlands, die 1540 zu einer Konferenz nach Hagenau kamen; die Täufer Caspar Schwenckfeld, Sebastian Franck und viele andere. Katharina eilte von der Kirche in den Keller, von dort in die Küche und in den Gemüsegarten, organisierte die Verpflegung, sorgte für Ordnung in den Kammern, pflegte Kranke und diskutierte ganz nebenbei mit den Männern über die brennenden Fragen der Reformation – die Abendmahlslehre, die Sakramente, den Umgang mit der Täuferbewegung.

Im Hause des Pfarrers Zell durfte jeder ohne Angst seine Meinung vertreten. Aber sogar für diejenigen, die als Verfolgte Zuflucht fanden, wurde später die Toleranz und Offenheit der Gastgeber ein Ärgernis. Noch als alte Frau, kurz vor ihrem Tod, wurde Katharina angegriffen und bedroht, weil sie am Grab einer Anhängerin des Täufers Caspar Schwenckfeld die Traueransprache gehalten hatte, morgens um 6 Uhr, so dass außer den Angehörigen niemand zugegen war. Der evangelische Pfarrer hatte sich geweigert, diesen Dienst zu übernehmen. Ein jeder war überzeugt davon, nur er kenne den Willen Gottes, und so verdammten sie einander: die Anhänger Zwinglis, die Katholiken, die Lutheraner und die Täufer ... In einem sorgenvollen Schreiben an den jungen radikalen Prediger Ludwig Rabus begründete Katharina Zell ihre Haltung:

„Wer Böses tut, den soll die Obrigkeit strafen, den Glauben aber nicht zwingen und regieren, wie ihr meint; er gehört dem Herzen und Gewissen zu, nicht dem äußerlichen Menschen."

Als Johannes Calvin, der auf der Flucht in ihr Haus gekommen war und an ihrem Tisch gesessen hatte, in Genf seinen Gegner Servet hinrichten ließ, wagte sie es, ihn zu kritisieren. In einem Brief an Martin Luther mahnte sie den Reformator, dass die Liebe wichtiger sei als alles andere, auch als der Streit um das Abendmahl!

Immer wieder wurde ihr vorgeworfen, sie habe sich als Frau zu sehr in den Vordergrund gedrängt. Sie verstand jedoch alles,

Matthäus Zell

24

was sie tat, als einen Dienst an der Kirche und an dem Nächsten. Der Tod ihrer beiden Kinder im Säuglingsalter stürzte sie in tiefe Depressionen. Umso wichtiger war es ihr, Bedürftigen eine Mutter und Pflegerin zu sein. Dabei überschritt sie Grenzen, die anderen unüberwindlich erschienen. Felix Armbruster, ein hochgeachteter Ratsherr, erkrankte an „Aussatz" und wurde vor die Tore der Stadt verbannt. Katharina besuchte ihn regelmäßig und schrieb ihm einen ergreifenden Trostbrief. Ihr Neffe Laux Schütz, der an Syphilis litt, wurde ebenfalls ins „Blatternhaus" geschickt. Katharina begleitete ihn und lebte bei ihm im Hospital. Entsetzt über die Zustände, unter denen kranke Menschen dort vegetierten, schrieb sie dem Rat der Stadt einen erschütternden Bericht, der in Forderungen gipfelte, die heute noch Gültigkeit haben:

„Dieweil man weiß, warum diese Häuser da sind, nämlich um der Armen willen, so soll man dem Vater und der Mutter befehlen, dass ihnen rechte Wartung geschehe mit Essen, Trinken, geselliger und anderer Notdurft ..." Matthäus Zell, etwa zwanzig Jahre älter als Katharina, starb 1548. An seinem Grab ergriff die Witwe wider alle Gewohnheit selbst das Wort. Wie die meisten ihrer Schriften ist auch diese – nach Katharinas eigener Angabe – spontane und unvorbereitete „Klagerede und Ermahnung Katharina Zellin zum Volk" überliefert:

„Liebe Freunde, dieweil dieses Begräbnis und Handlung mich am größten Teil betrifft ... so muss ich auch dazu etwas reden, welches ich mich nicht kann enthalten aus der Fülle meines betrübten Herzens ... Zum andern kann ich auch nicht lassen, euch, die ihr also hier vorhanden, weiter zu vermahnen ... und euch zu erinnern der Lehre und Lebens, die dieser mein frommer Mann geführt hat ..."

In ihrer Rede wird Katharina Zell zur Theologin, wenn sie den Zuhörern am Grab das „Vaterunser" auslegt und die Jugend zum rechten Glauben ermahnt.

Untröstlich über den Tod ihres Mannes setzte Katharina ihren Dienst an Kranken und Verfolgten fort, bis ihre Kräfte sie verließen. Am 5. September 1562 starb sie in ihrer Heimatstadt, über die genaueren Umstände ist nichts bekannt.

Ich sage mit David:
Ein Ding habe ich vom Herrn gebeten, das will ich
von ihm fordern, dass ich wohnen möge in seinem Haus
und ich meinen frommen Mann bei ihm finde
und mit allen Heiligen in Gottes Schau mög anschauen.

Aus einem Brief von Katharina Zell 1549

Mut und Ausdauer
einer Königstochter

Elisabeth von Brandenburg
(1485 - 1555)

Es ist kurz vor Ostern, ein kühler Frühlingsabend Ende März. Die Dämmerung fällt, die Menschen in Berlin und Cölln haben sich in ihre Häuser zurückgezogen. Ein letzter Kahn kommt die Spree herunter, passiert den Friedhof und legt an. Da steht eine Kutsche. Vom Kutschbock springt ein Mann. Er redet nicht, hält schweigend die Hand ausgestreckt, um einer Frau an Land zu helfen, einer Bäuerin der Kleidung nach, in ein großes dunkles Tuch gehüllt. Ein anderer Mann stützt sie von hinten, eine zweite Frau wagt den Sprung, dann legt der Kahn wieder ab und das leise Plätschern verliert sich in der Dunkelheit.

Die Frauen atmen schwer, steigen auf den Wagen. Kaum sitzen sie, da setzt er sich Bewegung. Die Straßen sind schlecht, der Sand feucht, die Pferde kommen nur schwer voran. „Schneller, schneller", stöhnt die ältere Frau. „Keine Angst, wir schaffen es." Als die Sonne aufgeht, hat der Wagen die Grenze erreicht. „Hoheit, Ihr seid in Sachsen." Die als Bäuerin verkleidete Fürstin schluchzt auf: Vor ihr liegt das Land in der Morgensonne. Sie zwingt sich, nicht zurückzusehen.

Die Flucht der Kurfürstin Elisabeth von Brandenburg im März 1528 erregt Aufsehen in ganz Europa. Schließlich ist sie die Schwester des dänischen Königs, der sie – ebenfalls auf der Flucht – in Sachsen erwartet. Ihr Onkel, der sächsische Kurfürst Johann der Beständige, hat ihr Asyl versprochen. Aber ihr Schwager, Albrecht von Brandenburg, Erzbischof von Mainz, steht ganz und gar auf der Seite seines Bruders Joachim I., der die dänische Prinzessin Elisabeth vor 27 Jahren geheiratet hat.

27 Jahre sind eine lange Zeit. Fünf Kinder hat Elisabeth geboren, wurde von ihrem Mann geliebt und beschenkt, bis er sich abwandte und eine jüngere Geliebte nahm. Um die Kurfürstin wurde es einsam. Die Geistlichen mahnten sie zur Demut, in

den lateinischen Gottesdiensten fand Elisabeth keinen Trost. Sie wünschte sich mehr geistliche Nahrung, wollte selbst lesen, was in der von der Kirche gehüteten Heiligen Schrift stand. Da drangen Nachrichten an den Hof. Ein kleiner Mönch hatte sich erhoben gegen die uralte Ordnung, den Papst als Antichrist bezeichnet, den Laien das Recht zugesprochen, auch aus dem Kelch des Heils zu trinken. Elisabeth las heimlich die Schriften und ließ sich berichten.

Kurfürst Joachim begegnete diesem Mönch auf dem Reichstag zu Worms und bedrängte ihn mit Fragen und Drohungen. Dem Kaiser riet er, ungeachtet des zugesagten freien Geleits Martin Luther gefangen zu nehmen. In Brandenburg wurden die Bürger verpflichtet, den Ketzer auszuliefern und seine Schriften zu verbrennen, wo immer sie auftauchten. Aber Martin Luther verschwand auf der Wartburg und übersetzte das Neue Testament. Die Kurfürstin ließ es sich bringen, heimlich. Und las.

Johann der Beständige,
Bildnis von Lucas Cranach d. Ä. 1526

Als Joachim Ostern 1527 zur Jagd in Schlesien war, feierte in der Schlosskapelle ein lutherisch gesinnter Pfarrer das Abendmahl und reichte der Kurfürstin den Kelch. Tief bewegt trank sie. Neben ihr stand ihre Tochter, Elisabeth, 19 Jahre alt und mit dem Her-

27

zog von Braunschweig verheiratet. Der Pfarrer wollte auch ihr den Kelch reichen, aber sie wehrte entsetzt ab. Als der Vater zurückkam, berichtete sie ihm, was geschehen war. Tobend rannte der Kurfürst in das Gemach seiner Gattin. Seine Erregung war so groß, dass er das Bewusstsein verlor und krank herausgetragen wurde. Sobald es seine Kräfte zuließen, ließ er Elisabeth sagen, dass sie der neuen Lehre abzuschwören habe. Täte sie das nicht, würde er sie für immer einschließen. Er gab ihr Bedenkzeit bis zum nächsten Jahr. Gemeinsam mit ihrer treuen Hofdame Ursula von Zedwitz und einem Adligen aus dem brandenburgischen Hofstaat plante sie die Flucht.

Jahrzehntelang lebte die Kurfürstin unter Bedingungen, die den einfachen Menschen des Landes fürstlich vorkommen mussten, aber der Königstochter völlig unangemessen erschienen. Sie wurde körperlich und seelisch krank. Das Bemühen der zum großen Teil lutherisch gewordenen Familie außerhalb Brandenburgs, ja auch Martin Luthers und seiner Freunde in Wittenberg, konnte sie nicht trösten. Sie hielt sich treu an die neue Lehre, duldete in ihrer Umgebung keinen Widerspruch dagegen und konnte doch von fürstlichen Gewohnheiten nicht lassen. Überliefert sind die Klagen Luthers über ihre maßlose Verschwendungssucht zu einer Zeit (August 1537), wo sie im „Schwarzen Kloster" in Wittenberg lebte und mit ihrem Gefolge die Kammern füllte. Katharina, die Hausherrin, war den Umgang mit vielen, auch fürstlichen Gästen gewohnt, aber als Elisa-

Joachim I. Nestor
Bildnis von Lucas Cranach d. Ä. 1529

beths Tochter aus Anhalt zu Besuch kommen wollte, musste Martin Luther ihr schreiben, dass es unmöglich sei, sie und ihre Begleitung angemessen unterzubringen.

Da war Joachim I. schon gestorben, ohne sich mit seiner Frau zu versöhnen. Den fünf Kindern nahm er das Versprechen ab, bei der alten Lehre zu bleiben. Sein Nachfolger Joachim II. bemühte sich um die Rückkehr der Mutter. Heimlich war er dem neuen Glauben schon lange zugetan. Aber Elisabeth verlangte, dass in Spandau, wo sie residieren sollte, das lutherische Bekenntnis für alle Untertanen eingeführt werden müsste. Das erschien unmöglich, zumal Joachims Frau aus streng katholischer Familie stammte. So blieb die Witwe einsam und verbittert in dem ehemaligen Kloster Lichtenberg bei Prettin, das der sächsische Kurfürst umgebaut und ihr zur Verfügung gestellt hatte.

Die Tochter Elisabeth von Braunschweig, die einmal ihre Mutter verraten hatte, trat mit Einverständnis ihres Ehemannes 1538 zum evangelischen Glauben über. Sie wurde eine der einflussreichsten und wichtigsten Vertreterinnen der neuen Lehre in Deutschland. 1539, vier Jahre nach dem Tod des Vaters, feierte auch Joachim II. in Spandau einen protestantischen Gottesdienst und empfing das Abendmahl in „beiderlei Gestalt".

Auf dieses Signal hatten viele Menschen in den Städten und Dörfern Brandenburgs gewartet. Überall wurden Messen in deutscher Sprache gefeiert. Aber Joachim ließ auch manches beim Alten, was den Gottesdienstbesuchern lieb und teuer war: Da bimmelten noch die Glöckchen, der Pfarrer trug sein heiliges Gewand und sang die alten Melodien.

Martin Luther selbst bestätigte diese Haltung in einem Brief: Es komme nicht auf Äußerlichkeiten an, schrieb er, „dass nur nicht eine Not zur Seligkeit und das Gewissen ... daraus gemacht werde."

Elisabeth aber konnte sich mit solchen Kompromissen nicht abfinden. Ihr schien die reine Lehre gefährdet, und immer noch lehnte sie die Rückkehr ab. Erst im August 1545 ließ sie sich nach langen Verhandlungen von ihrem Sohn Johann mit 500 Reitern und großem Aufwand in Lichtenberg abholen. In ihrer Residenz in Spandau führte sie dann ein strenges religiöses Regiment, hielt Andachten und belehrte Hofangestellte und Geistliche. Die Bitterkeit gegenüber ihren Kindern überwand sie nie. Aber als sie 1555 den Tod nahen fühlte, ließ sie sich zu ihrem Sohn nach Berlin bringen. In der Nacht, in der sie starb, gab es eine Mondfinsternis. Die Kammerfrauen sprachen von einem bösen Omen, aber Elisabeth wehrte ab. Sie war zum Sterben bereit und wurde, wie sie es gewünscht hatte, neben ihrem Mann beigesetzt.

Ich glaube und traue dem,
der Sonne, Mond und alle Sterne, ja alle Kreaturen
erschaffen hat; der wird mich wohl erhalten.
Ja freilich, wenn er nur bald käme, und holte mich!
Zu ihm will ich; dieses Lebens bin ich müde und satt.

Elisabeth von Brandenburg auf dem Sterbebett

Die Dichterin

Elisabeth Cruciger, geb. von Meseritz (1504 - 1535)

Staunend sehen die Schülerinnen im Kloster Marienbusch zu ihrem Lehrer auf. Der junge Priester Johannes redet so ganz anders, als sie es gewohnt sind.

„Jeder Christ sollte die Heilige Schrift kennen. Lest darin! Ihr habt Latein gelernt."

„Aber ... aber die Ehrwürdige Mutter hat es verboten."

„Schwester Gabriele sagt, wir würden es nicht verstehen ..."

Johannes Bugenhagen schüttelt energisch den Kopf.

„In Wittenberg, in Sachsen, lehrt ein Mönch, dass jeder Christ die Bibel lesen müsse. Es heißt, er wolle das heilige Evangelium so ins Deutsche übersetzen, dass jedermann es verstehen kann. Als Christenmenschen stehen wir alle vor Gott, nicht nur Priester, Mönche und Nonnen ..."

Es gibt Unruhe unter den Mädchen. Johannes entlässt sie zum Mittagsgebet, aber eine von ihnen, Elisabeth, bleibt zurück.

„Ich möchte das lesen, was der Mönch schreibt ..."

Johannes Bugenhagen zögert. Das Mädchen ist von den Eltern dem Leben im Kloster geweiht. Was wird geschehen, wenn sie Luthers Schrift „Von der Freiheit eines Christenmenschen" liest? Sie sieht ihn an – forschend, mit hellem Blick.

„Gut, komm nach dem Mittagsgebet in die Kapelle. Aber verbirg die Schrift ..."

Elisabeth von Meseritz, gerade einmal 16 Jahre alt, las. Und sie traf eine Entscheidung.

Johannes Bugenhagen verließ die Stadt Treptow an der Rega, wo er als Schulrektor und Priester gewirkt hatte, im Jahr 1521. Elisabeth folgte ihm ein Jahr später. Dass sie zu den Eltern auf das Gut Meseritz nicht zurückkehren konnte, wusste sie. Und so unternahm sie die lange, beschwerliche und gefahrvolle Reise von Pommern nach Wittenberg.

Als sie die Stadt erreichte, fragte sie: „Wo wohnt der Priester Johannes Bugenhagen?" Die Leute auf der Straße kannten ihn und wiesen ihr den Weg. „Er hat gerade geheiratet!"

Bugenhagen nahm sie in sein Haus auf. Er lehrte an der Universität. Elisabeth konnte nicht wie die jungen Männer in die Vorlesungen gehen, aber zu Hause saß sie mit am Tisch und lauschte den Gesprächen.
Im Hause Bugenhagen kamen die Männer zusammen, die an Luthers Seite für die neue Lehre stritten. Zu ihnen gehörte auch der Student Caspar Cruciger. Cruciger las nicht nur die Heilige Schrift, er erforschte auch die Pflanzen in seinem Garten und sah nachts zum Himmel auf. Er erklärte Elisabeth, warum sie die gleichen Sterne mal an dieser und mal an jener Stelle sah und dass ein großer Mann namens Kopernikus

erkannt hatte: Gottes Schöpfung ist viel größer, als wir dachten und die Erde nur einer von vielen Planeten, die um die Sonne kreisen. Sie fragte nach, sie verstand, auch wenn es neu und aufregend war, was er ihr erzählte. Und er sah die Freude in ihren Augen, nahm ihre Hand und fragte sie, ob sie denn wohl mit ihm vor den Altar Gottes treten und den Ehebund schließen wolle. Beide waren gerade 20 Jahre alt.
Der Sekretär des Kurfürsten, Georg Spalatin, hielt schriftlich fest, was Martin Luther dem jungen Paar mit auf den Weg gab:

„Im Schweiß deines Angesichts wirst du dein Brot essen. Diese Lektion hat Gott dir, Caspar, gegeben. ... Du sollst deine Kinder mit Kummer gebären. Diese Lektion hat Gott dir, Elsa, gegeben. ... Wo ihr euch nun darein miteinander begeben wollt, so mögt ihr das hier vor der christlichen Gemein bekennen ... Caspar, was sagest du dazu? Der Bräutigam antwortet: ‚Egregie Dominus, Doctor, ja.' Danach sprach er zu der Braut: Elsa, was sagest du dazu? Die Braut antwortet auch: ‚Ja.' Da stecket Doktor Martinus dem Bräutigam und der Braut den Ring an ..."
Als junge Ehefrau erwachte sie morgens und fand das Bett neben sich leer: Caspar war hinausgegangen, um den Sternenhimmel zu beobachten. Sie huschte in die Stube, zog sich eine Decke um die Schultern und nahm aus Caspars Schreibtisch ein Blatt Papier. Während er zum Himmel schaute, schrieb sie:

Lucas Cranach d. J.: Christus segnet die Kinder, um 1560, Epitaphbild für die Familie des Theologen Dr. Caspar Cruciger

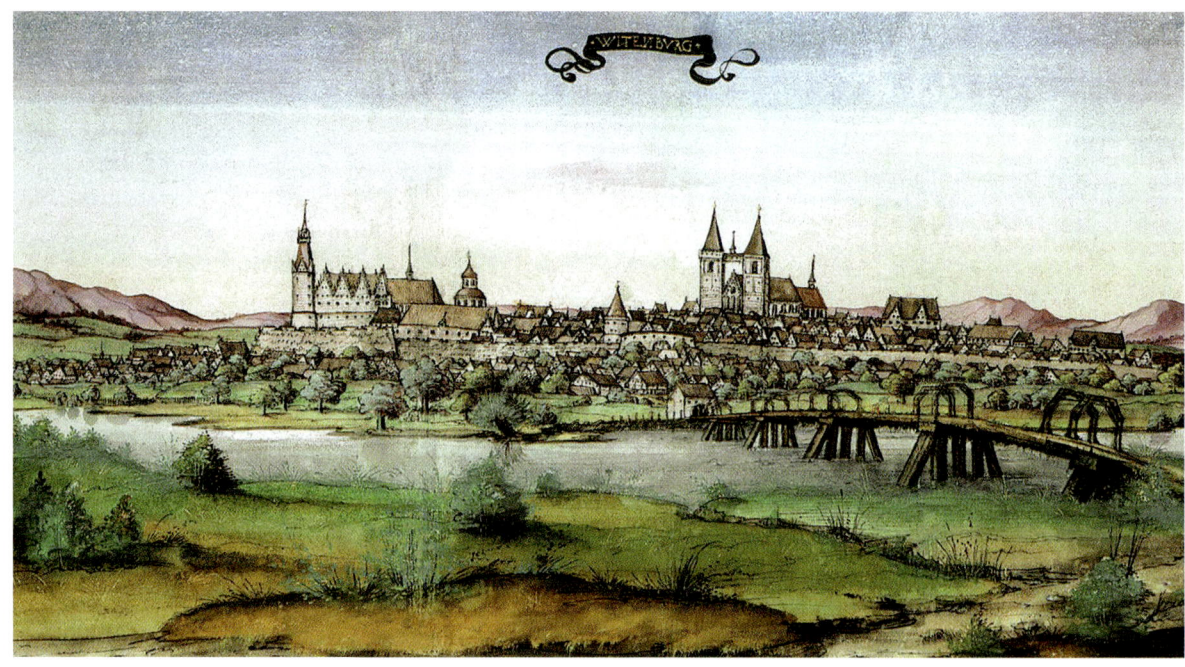

Wittenberg 1536

Herr Christ, der einig Gotts Sohn,
Vaters in Ewigkeit,
aus seim Herzen entsprossen,
gleichwie geschrieben steht,
er ist der Morgensterne,
sein Glänzen streckt er ferne
vor andern Sternen klar ...

... für uns ein Mensch geboren
im letzten Teil der Zeit,
dass wir nicht wärn verloren
vor Gott in Ewigkeit,
den Tod für uns zerbrochen,
den Himmel aufgeschlossen,
das Leben wiederbracht ...

Als Caspar zurückkam, hielt sie ihm wortlos das Blatt hin. Er las und sah sie erstaunt an.
„Das hast du geschrieben?"
„Ja", sie lächelte verschämt.
„Das ist ja ... das ist ja schön, so als hätte es ein Mann geschrieben. Und der Herr Doktor sucht Lieder für den Gottesdienst. Er will ein Gesangbuch herausgeben. Du musst weiter schreiben ..." Und sie schrieb weiter:

Ein Jahr später standen die Crucigers in der Stadtkirche und nahmen an der Trauung des Reformators teil. Elisabeth war schwanger. Mit großer Herzlichkeit umarmte sie die Frau Lutherin. Auch ohne viele Worte verstanden sie einander, und als der kleine Caspar Cruciger zur Welt kam, eilte Käthe Luther herbei, um zu helfen und sich mit zu freuen. „Nächstes Jahr...", flüsterte sie der Freundin ins Ohr.

Aber im nächsten Jahr musste Elisabeth mit ihrem kleinen Sohn auf den Wagen steigen und die Reise nach Magdeburg antreten, wo Caspar auf Weisung Luthers eine Stelle als Rektor und Prediger angenommen hatte. Dort brachte sie ihre Tochter Elisabeth zur Welt. Schon 1528 kehrte die Familie nach Wittenberg zurück, Caspar wurde Professor an der Universität und Elisabeth fand ihre Freundin Katharina wieder, die als tüchtige Hausfrau im „Schwarzen Kloster" regierte.

Ihr Lied stand in der ersten Sammlung evangelischer Kirchenlieder. Nur wagte Martin Luther nicht, den Namen einer Frau darunter zu setzen. So blieb der Verfasser anonym bis 1529. Da war dann das Staunen groß: Eine Frau, die dichten kann?

Eines Morgens erzählte Elisabeth ihrem Caspar „Stell dir vor: Ich habe geträumt, dass ich in der Kirche auf der Kanzel stehe und predige ..." Lachend legte Caspar den Arm um ihre Schultern. „Das geht nun wirklich nicht. Aber durch deine Lieder bist du auch zur Predigerin geworden."

Oft saß Elisabeth nachts, wenn alle schliefen, an ihrem kleinen Tisch, spitzte die Feder und schrieb ein paar Verse, die ihr tagsüber durch den Sinn gegangen waren. Aber dann überkam sie die Müdigkeit und Caspar musste sie wecken, damit sie sich hinlegte. Immer öfter fühlte sie sich schwach und manchmal weinte sie, wenn sie die Kinder ansah. Mit dreißig Jahren schloss sie die Augen für immer. Sie erlebte nicht mehr, wie ihre Kinder erwachsen wurden und wie ihre Tochter Elisabeth den Sohn Martin Luthers heiratete. Sie erlebte auch nicht mehr, dass ihr Name immer wieder genannt wurde, ihr Lied immer wieder erklang – über die Jahrhunderte bis heute.

Caspar Cruciger,
Bildnis von Lucas Cranach d. J. 1558

Lass uns in deiner Liebe und Kenntnis nehmen zu,
dass wir am Glauben bleiben, dir dienen im Geist so,
dass wir hier mögen schmecken dein Süßigkeit im Herzen
und dürsten stets nach dir.

EG 67, 3

33

Die erste Frau Zürichs

Anna Zwingli, geb. Reinhardt (1484 - 1538)

Sie war schön – die Tochter der Wirtsleute Oswald und Elisabeth Reinhardt am Züricher See. Stolz, aber auch mit Sorge sahen die Eltern, wie der Patriziersohn Johann Meyer von Knonau in ihrem Gasthaus aus- und einging. Was sollte daraus werden?

Johanns Vater war ein verwitweter Züricher Ratsherr. Als der junge Mann ihn um Erlaubnis bat, die kluge und anmutige Anna zu heiraten, verschlug es ihm die Sprache. Sehr schnell fand er einen Ausweg und schickte den Sohn zur Brautschau in befreundete Adelshäuser. Vergeblich. Heimlich ließ Johann sich mit Anna trauen. Der Vater brach den Kontakt zu dem jungen Paar ab, entzog ihnen das Vermögen und heiratete selbst noch einmal.

Trotz allem nannten Johann und Anna ihren ersten Sohn nach dem Vater: Gerold. Der kleine Junge begegnete dem Großvater nur zufällig und bezauberte ihn mit seinem Charme und seiner Klugheit. Da brach der Widerstand des alten Mannes endlich zusammen. Aber nur kurze Zeit konnte sich die Familie an der Versöhnung erfreuen. Johann

Ulrich Zwingli, Bildnis von Hans Asper 1549

34

Zürich, Großmünster und Wasserkirche

zog mit einer Hilfstruppe gegen die Franzosen nach Italien und kam verwundet zurück. Wenig später starb er. Anna legte die schwarzen Witwenkleider an und widmete sich ganz dem Hauswesen und ihren drei Kindern. Da kam 1519 ein neuer Prediger an das Münster der stolzen Stadt Zürich und bezog das Nachbarhaus: Ulrich Zwingli.

Zwingli hatte im Kanton Glarus durch seine rebellischen Ideen die für die Bevölkerung so einträglichen Wallfahrten gestört. Nicht das Beten von Rosenkränzen und das Opfer der Wachsbildchen in Maria Einsiedeln sollte die Menschen Gott näher bringen: Er forderte einen lebendigen Glauben und ein sittliches Leben.

Das gefiel den ehrbaren Züricher Bürgern, und sie kamen in Scharen, um seine Botschaft zu hören. Auch Anna kam, empfing das Abendmahl in Brot und Wein aus seiner Hand und hörte ihm zu – jeden Sonntag. Neben ihr auf den Bänken saßen ihre Kinder. Als Zwingli schwer erkrankte, pflegte sie ihn. Wenig später wurde er der Lehrer ihres Sohnes. In dem jungen Gerold fand Zwingli einen hochbegabten Schüler und in seiner Mutter bald eine verständnisvolle Ehefrau. Er verheimlichte die 1522 geschlossene Ehe einige Zeit, um keinen Skandal zu provozieren. Als aber die katholische Partei der Stadt von dem Ehebund erfuhr, verteidigte er seinen Entschluss in einer 1525 veröffentlichten Schrift und machte gegen alle üble Nachrede deutlich, dass der Besitz der Familie von Knonau nicht Anna gehöre, sondern deren Kindern, und er sie nicht aus Habgier geheiratet habe. So legte Anna auch die Zeichen des adligen Standes ab und kleidete sich als Frau Zwinglis in einfache bürgerliche Gewänder. Ihr Haus stand allen offen, die sich für die Sache der Reformation einsetzten. Vier Kinder brachte Anna in dieser Zeit zur Welt und galt als Vorbild und „erste Frau" in der mehr und mehr von der Botschaft Zwinglis überzeugten Bürgerschaft.

Im Oktober 1531 näherten sich die Truppen der katholischen Kantone der Stadt Zürich. Nicht nur als Geistlicher, auch als Soldat wollte Zwingli mit dem Aufgebot der Bürger den neuen Glauben verteidigen, den das Heer der „Urkantone" auszumerzen drohte. Mit dem jungen Gerold, Annas einzigem Sohn und den Ehemännern der schon verheirateten Töchter zog er am 11. Oktober in die Schlacht von Kappel.

Matthäus Merian d. Ä., Schlacht bei Kappel 1531

36

Am Nachmittag des nächsten Tages kamen die ersten Boten vom Schlachtfeld, einer nach dem anderen betrat das stille Haus, in dem Anna mit ihren Töchtern und den jüngeren Kindern betend wartete – die kleine Anna schlief noch in der Wiege. Ein Bote nach dem anderen stand vor ihnen und zögerte, seine Nachricht zu verkünden. Und immer, wenn einer ging, schien es, als könnte nun nichts Schlimmeres mehr geschehen. Aber an der Tür stand schon der nächste ... Dein Sohn Gerold ist tot. Dein Bruder ist tot. Der Mann deiner Tochter ist tot. – Zwingli ist tot.

Anna erstarrte. Die Kinder weinten. Knechte und Mägde schlichen aus der Stube. Die Nachbarn versammelten sich in tiefem Schweigen vor der Tür. Alles Unheil der Welt schien über dieses Haus hereingebrochen zu sein. Aber der Säugling verlangte nach Nahrung, die Kinder hatten Hunger. Anna stand auf und legte Witwenkleider an.

Heinrich Bullinger wurde Prediger am Züricher Münster. Anna, die Kinder und die verwitweten Töchter lebten in seinem Haus. Die Jüngeren wurden im Sinne ihres Vaters und Großvaters erzogen und erhielten eine gute Ausbildung. Anna wurde in der Öffent-

Zwingli-Gedenkstein in Kappel am Albis

lichkeit nicht mehr gesehen. Nur in der Kirche kniete sie vor dem Tabernakel, in das Zwingli die Heilige Schrift gelegt hatte. Bis zu ihrem Tod im Dezember 1538 legte sie ihr Witwenkleid nicht mehr ab.

Zu dem allen, was über mich ist geredet worden,
würde ich wohl geschwiegen haben, aber ich darf es nicht tun
als ein Verkündiger der göttlichen, reinen Lehre,
dass ich solch gehässige Verleumdungen unbeantwortet lasse.

Zwingli zur Verteidigung seiner Eheschließung 1525

Sie kannte den Tod und liebte das Leben

Wibrandis Rosenblatt, die Frau der Reformatoren Oekolampad, Capito und Bucer (1504 - 1564)

Herbst 1541: In Straßburg wütet die Pest. Die Straßen sind leer, das Geschrei auf den Märkten ist verstummt. Morgens holpern Totenkarren durch die Gassen, voll beladen. Verlassene Kinder betteln an den Ecken und werden verjagt.

Auch aus dem Haus des Superintendenten Martin Bucer trägt man die Toten heraus. Drei Kinder muss er hergeben. Bis zum Ende hat Elisabeth, die Mutter, sie gepflegt. Jetzt ist ihr eigener Körper übersät von Beulen. Das Gesicht in den Händen vergraben hockt der Pfarrer an ihrer Seite. Da richtet sie sich noch einmal mühsam auf:

„Capito ist gestorben. Heirate Wibrandis!" Bucer wehrt ab.

„Du sollst nicht sterben! Du darfst nicht sterben!"

Die Kranke weiß es besser.

„Hol Wibrandis", bittet sie ihre Freundin Katharina Zell, die erschüttert an Elisabeths Lager steht.

Wibrandis Rosenblatt

Es ist nicht weit bis zum Haus der Familie des Wolfgang Capito. Auch er war Pfarrer, auch ihm riss der Tod drei Kinder fort, und dann starb er. Wibrandis, seine mehr als zwanzig Jahre jüngere Frau, pflegte ihn bis zum letzten Atemzug. Der alte Mann wollte ihr auf dem Sterbebett noch danken, aber er brachte nichts mehr heraus. Sie betete mit ihm, so wie er mit ihr gebetet hatte. Immer war sie die Schülerin an seiner Seite gewesen, die er belehren musste. Oft hatte sie still in sich hinein gelächelt, wenn er wieder einmal die Schlechtigkeit der Welt, die Dummheit der Menschen, die Streitereien der Freunde beklagte. Sie hatte in vielen seiner schlaflosen Nächte mit ihm gewacht, seine Bitternis ertragen und fünf Kinder zur Welt gebracht: Irene, die jüngste Tochter, lag noch in der Wiege. Immer war sie nach den Geburten schnell wieder aufgestanden, um Gäste zu bewirten und Kranke zu trösten. Sie hatte ihm Mut zugesprochen, wenn er verzagte. Und nun konnte er nur noch mit einem Blick, einer hilflosen Bewegung der Hand darum

Wolfgang Capito

bitten, dass sie bei ihm bliebe – bis zum Ende. Sie blieb.

„Hol Wibrandis", bittet Elisabeth Bucer. Katharina Zell eilt über die Gasse und klopft an die Tür des Freundes. Eine alte Frau öffnet, die Mutter der Hausfrau.

„Die Frau Elisabeth stirbt. Sie verlangt danach, Wibrandis zu sehen."

In Witwentracht, das Baby an der Brust, sitzt Wibrandis am Fenster.

„Jetzt? Gleich?"

„Es geht zu Ende."

„Ich wollte noch nicht hinausgehen. Gerade erst haben sie Capito fortgetragen."

„Du musst."

Nach Einbruch der Dunkelheit legt Wibrandis ihr Tuch um die Schultern und geht zur Tür. „Du willst wirklich dorthin?"

„Ja, Mutter." „Und die Kinder?"

MIHI PATRIA   COELVM

Martin Bucer

Einen Augenblick zögert Wibrandis. Vor ihren Augen hat sie noch die vom Tod gezeichneten Gesichter ihrer Kinder, den stöhnenden, sterbenden alten Mann.

„Gott wird sich ihrer erbarmen."

Dann geht sie.

„Heirate Wibrandis! Denk an Nathanael!" Elisabeth kann kaum noch sprechen. Neben dem tiefgebeugten Mann steht die junge Witwe, aufrecht und ohne sichtbare Regung. „Heirate ihn!"

Wibrandis sieht Bucer an. Der nickt. Erleichtert sinkt Elisabeth zurück und schließt die Augen. Wibrandis wendet sich zur Tür.

Als sie im April 1542 eine stille Hochzeit gefeiert haben, schreibt Bucer an einen Freund: „Meine Hochzeit hat stattgefunden und ich fürchte mich vor der übergroßen Ergebenheit dieser besten Frau ..."

Wieder hat Wibrandis einen Mann, der nachts aufsteht, um an seiner Predigt zu arbeiten. Wieder ist sie verantwortlich für ein Haus, an dessen Tür alle die klopfen, die nicht wissen, wohin sie gehen sollen. Wieder muss sie in Stube, Küche und Keller für Ordnung sorgen, Mägde anweisen, Kinder erziehen, für Ruhe sorgen, wenn die gelehrten Männer kluge Gespräche führen, die Wäsche in Truhen und Schränke sortieren und auf dem Markt das günstigste Gemüse einkaufen. Vier Kinder und die alte Mutter sind mit ihr ins Haus des Superintendenten gezogen. Zwei Kinder bringt sie in den folgenden Jahren zur Welt, der Sohn Martin aber stirbt. Ihre älteste Tochter stickt und näht schon für die

Ansicht von Basel 1493

40

Aussteuer und braucht Rat und Hilfe beim Einkauf des Leinens. Dem Martin Bucer ist von seinen vielen Kindern nur einer geblieben: Nathanael. Die anderen, die von der Pest hinweggerafft wurden, waren gesund. Nathanael sitzt nur still in der Ecke. Wenn eins der Mädchen ihn anspricht, dann gibt er unartikulierte Laute von sich. Und wenn die Jungen mit ihm spielen wollen, schlägt er nach ihnen. Nathanael ist krank. Manchmal, wenn sie über einer Näharbeit sitzt, zieht Wibrandis ihren Stuhl in die Ecke zu dem Jungen. „Du musst nicht traurig sein, Nathanael. Deine liebe Mutter ist jetzt im Himmel." Das Kind heult leise auf. „Sie schaut vom Himmel auf dich herab und freut sich, wenn du brav bist und dem Vater gehorchst."

Von draußen hört sie Bucer rufen. Schnell legt sie die Arbeit aus der Hand. Offensichtlich hat er Gäste mitgebracht. Und die Köchin ist krank. Sie wird Wasser in die Suppe gießen müssen, damit es reicht. Aber das kennt sie. Im Haus Capitos war die Suppe oft sehr dünn, denn der gute Mann hatte so viel Geld verliehen, dass es am Ende kaum mehr für Brot und Bier reichte.

„Bleib du bei Nathanael sitzen!", befiehlt sie der zehnjährigen Agnes. Die verzieht ein wenig das Gesicht, aber sie gehorcht. Währenddessen tobt der fünfjährige Johannes durchs Treppenhaus.

„Sei still! Der Vater ist gekommen."

Denkt sie manchmal noch an Wolfgang Capito, mit dem sie neun Jahre verheiratet war? Oder an Johannes Oekolampad in Basel, den sie mit 24 Jahren geheiratet hatte? Damals – 1528 – schrieb ein Freund, sie sei eine „elegante und blühende" Frau, der Ehemann aber „erschöpft am ganzen Körper wie ein lebender Leichnam". Dem Oekolampad musste sie die Mutter ersetzen, die den Theologen und geweihten Priester bis ins Alter von mehr als

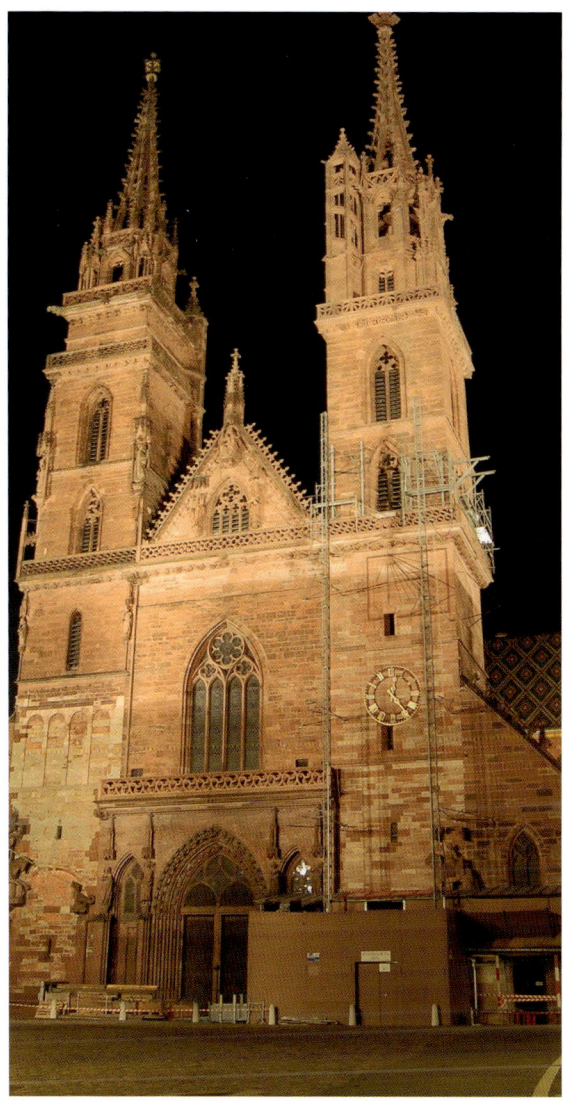

Basler Münster

41

*Universität Cambridge,
Blick auf Clare College
und King's College Chapel*

vierzig Jahren versorgt hatte. Die reformatorisch gesinnten Freunde rieten ihm dringend zu dieser Ehe. Und Wibrandis war einverstanden und tat, was man von ihr verlangte. Durch sie bekam der bedeutende Reformator das Bürgerrecht in Basel und konnte sein Werk fortsetzen, das schließlich dazu führte, dass die Stadt sich der neuen Lehre öffnete. 1531, im selben Jahr wie sein Freund Zwingli, starb Oekolampad, aufgerieben von den Kämpfen und Auseinandersetzungen in der Stadt. Wibrandis blieb zurück mit drei Kindern, die sie in drei Jahren Ehe zur Welt gebracht hatte, und ihrer ältesten Tochter.

Wenn sie die junge Wibrandis ansieht, muss sie wohl an ihren ersten Mann denken: Ludwig Keller aus Basel. Der führte sie, Tochter eines kaiserlichen Feldhauptmanns, in sein Haus und nahm auch die Mutter der Braut zu sich. Aber nach nur zwei Jahren starb er.

Damals – 22 Jahre alt – legte Wibrandis zum ersten Mal Witwenkleider an und blieb mit der Kleinen allein.

Capito holte sie mit ihrer ältesten Tochter und den Kindern des Oekolampad nach Straßburg. Die Stadt war ein Hort der Glaubensfreiheit. Aber nach dem Krieg von 1546/1547 ist die Zeit der Toleranz vorbei. Die Kaiserlichen stellen der Stadt Bedingungen. Martin Bucer muss Straßburg verlassen. Er wird nach England eingeladen, um dort am Aufbau der Kirche mitzuwirken. Wibrandis bleibt zurück und wartet auf Nachricht.

Als der Bote mit dem Brief kommt, öffnet sie ihn mit zitternden Händen. Bucer und sein Freund Fagius sind gut aufgenommen worden, erfährt sie. Aber – das Essen! „Fleisch, Fleisch ...", klagt Bucer, es gebe kaum Gemüse. Und das Klima! Alle Glieder tun ihm weh. Nirgends ist es warm und trocken ... Im Sommer 1549 ist Bucer so erschöpft und krank, dass er Wibrandis bittet, zu ihm zu kommen. Sie überlegt und plant. Zuerst reist sie allein und verschafft sich einen Eindruck davon, wie sie in England leben könnten. Dann kehrt sie zurück, stellt fest, dass in Straßburg ihr Vermögen konfisziert wird, und bricht mit der ganzen Familie auf. Sie ist keine junge Frau mehr, sie trägt die Verantwortung für sechs Kinder und ihre alte Mutter, aber immer noch hat sie die Kraft, den von der Arbeit erschöpften Ehemann zu pflegen.

Bucer erarbeitet die anglikanische Kirchenordnung und die Liturgie. Sein Freund Fagius stirbt schon 1549, er selbst kann sich kaum noch bewegen. Auch die Unterstützung des Erzbischofs und des englischen Königs können ihm nicht helfen. Im Februar 1551 steht Wibrandis wieder an einem Totenbett. Und nun muss sie in der Fremde für die Familie die Rückreise organisieren, um Hilfe betteln und noch einmal neu anfangen ...

Für kurze Zeit kehrt sie nach Straßburg zurück, zieht dann aber mit den noch unverheirateten Töchtern nach Basel. 1564 geht die Pest durch Basel. Die Totenkarren holpern durch die Stadt. Auf dem Friedhof werden Massengräber ausgehoben. Aber als die Witwe Wibrandis stirbt, lässt man sie im Kreuzgang des Münsters bestatten – neben Johannes Oekolampad, dem Reformator Basels. Sechzig Jahre ist sie alt geworden.

Gedenktafel in Weinsberg und Basel

Vier Ehemänner hat sie bis zum Tode gepflegt. Elf Kinder hat sie geboren, fünf sind ihr gestorben. Ihre Männer haben die Sache der Reformation in der Schweiz, im Elsass und in England vorangetrieben. – Sie hat Wäsche gewaschen, die Kinder versorgt und gekocht. In ihren Häusern wurde von großen Denkern um die Wahrheit gerungen. – Sie flößte den Kranken Medizin ein und machte ihr Bett. Sie kannte das Gesicht des Todes – und liebte das Leben.

So voll Anmut die Rose, dass kaum eine schönere schauten je des Elsasses Au'n noch die Gefilde der Schweiz.

Zeitgenössisches Gedicht auf Wibrandis Rosenblatt

Geliebt, umsorgt und getröstet

Katharina Melanchthon, geb. Krapp (1497 - 1557)

Trotz des Novemberregens standen die Wittenberger 1520 in Scharen an der Stadtkirche, um den Hochzeitszug zu sehen. Das war doch ein zu seltsames Paar: der schmächtige Bräutigam mit hängenden Schultern und einer Trauermiene, die auch nicht sehr ansehnliche Braut, lächelnd und starr geradeaus blickend ...

Katharina wusste, was in den Reihen der Gaffer getuschelt wurde. Sie sei nicht mehr Jungfrau, hieß es da. Schließlich war sie auch schon 23 Jahre alt, genauso wie der Bräutigam, der immer noch aussah wie ein kleiner Junge. Aber als er vor zwei Jahren seine Antrittsvorlesung an der Wittenberger Universität gehalten hatte, da staunten die Studenten und Professoren, da hieß es sogar auf dem Markt, man habe einen bedeutenden Gelehrten in der Stadt. Und sie – Katharina Krapp – war immerhin die Tochter des ehemaligen Bürgermeisters und Gewandschneiders, deren Mutter so tüchtig das Geschäft

ihres verstorbenen Ehemannes weiterführte. Die Mutter und der Bruder Katharinas folgten im Hochzeitszug, niemand aus der Familie des Bräutigams war gekommen. Zu weit war der Weg aus dem fernen Schwaben. Die Kollegen der Universität begleiteten Philipp Melanchthon und seine Frau, zwischen ihnen, unübersehbar in seiner dunklen Kutte, Martin Luther, der Mönch aus dem Schwarzen Kloster, der Papst und Kaiser herausgefordert hatte.

Melanchthon, der „kleine Grieche", wie sein Freund Luther ihn nannte, ging diesen Weg nur widerwillig. Seine große Liebe war die Wissenschaft. Bücher wollte er um sich haben, die alten Handschriften entziffern, den griechischen Wortlaut des Evangeliums hin und herwenden, immer neue Schätze der Vergangenheit ans Licht bringen und mit Begeisterung den Studenten davon berichten – so stellte er sich sein Leben vor. Dass er

Wittenberg, Marktplatz mit Stadtkirche St. Marien

Tochter schadete schließlich dem Geschäft. Dass da einer im Haus aus- und eingegangen war und man auf eine ehrenvolle Absicht gehofft hatte, das würden die Nachbarn nun wohl endlich vergessen. Von dem Erbe des Vaters bekam Katharina eine kleine Mitgift, so dass sie das Häuschen kaufen konnten, in dem Melanchthon seit zwei Jahren wohnte. War es auch nur eine „Bude", man würde etwas daraus machen können, dachte die Mutter. Ein wenig Einkommen hatte Melanchthon, wenn auch nicht so viel wie ein erfolgreicher Kaufmann.

Wir haben kein Bild von Katharina. Kein Brief, kein Zitat ist überliefert. Wir wissen nicht, wie sie sich zurechtfand in der „Männerwirtschaft" des Melanchthon. Nur die Klagen des Ehemannes klingen noch durch die Jahrhunderte: *„Ich habe aufgehört, mein eigener Herr zu sein ..."*
Wahrscheinlich hat Katharina aufgeräumt. Und sie hat feste Essenszeiten eingeführt:
„Sie denkt immer, ich sterbe Hungers, wenn ich nicht vollgestopft bin wie eine Wurst."
Wenn er krank war, ließ sie es nicht dabei bewenden, dass er im Bett lag und hustete: Sie holte Medizin und legte ihm eine Wärmflasche unter die Decke. Es dauerte eine Zeit, ehe die beiden lernten, miteinander umzugehen. Erst nach einem Jahr wurde Katharina schwanger, und da begann der Ton in Melanchthons Briefen sich zu ändern.
Am 24. August 1522 kam die Tochter Anna zur Welt, im Februar 1525 der Sohn Philipp. Aus der „Männerwirtschaft" wurde eine Familie. Katharina führte den Haushalt mit

dabei wenig zum Essen kam, nur unregelmäßig schlief, sein Mantel löchrig wurde – das alles interessierte ihn wenig. Und nun sollte dieses fremde Wesen an seiner Seite zwischen den Büchern und den Schülern, die er im Haus unterrichtete, umhergehen? Sie sollte neben ihm schlafen, so dass er Angst haben musste, sie zu wecken, wenn er nachts aufstand, um zu beten oder zu studieren?

Martin Luther hatte ihn überredet, auch Katharina war überredet worden. Man stellte ihr vor, was für eine ehrenvolle Stellung sie haben würde als Frau des hochgelehrten Professors. Die Mutter war froh, sie unter der Haube zu wissen. Das Gerede über die einer Magd, Philipp unterrichtete an der Universität und im Haus, schrieb an der evangelischen Dogmatik und erledigte meist schon vor Sonnenaufgang seine umfangreiche Korrespondenz.

Nach Wittenberg strömten in diesen Jahren alle, die auf das Neue warteten, das kommen musste, weil die alte Ordnung sich überlebt hatte. Es kamen die Schwärmer, die Gelehrten, die Fragenden und die Verfolgten. Luther verschwand auf der Wartburg und kehrte zurück. Mit Melanchthon saß er Stunden und Tage über die Bibel gebeugt, während Katharina schwitzend in der Küche stand und Suppe kochte.

Im Schwarzen Kloster zog auch eine Katharina ein. Die Lutherin bebaute das Land wie ihre Väter die alten Güter. Frau Melanchthon hatte an dem kleinen Garten hinter dem Haus schon genug. Sie hätte gern das Gemüse und Obst auf dem Markt gekauft, das bei der Lutherin im Garten wuchs, aber der Geldsack im Hause Melanchthon war immer leer. Stand ein Bettler vor der Tür, wurden oft die letzten Münzen herausgeschüttelt. Und wenn Katharina wieder einmal die Mutter und den Bruder zum fröhlichen Feiern einlud, dann musste sie anschreiben lassen. Vier Jahre nach der Hochzeit schrieb Philipp an einen Freund, er habe seiner Frau noch nie ein Kleid kaufen können. Schließlich erwirkte Luther eine Gehaltserhöhung für ihn beim Kurfürsten, und mit 200 Gulden im Jahr konnte die Familie dann einigermaßen auskommen, auch wenn Melanchthon seinen

Schülern kein Geld abnehmen mochte und beide Eheleute das Sparen nie lernten. 1526 wurde Georg geboren. Der Vater stand sorgenvoll am Bett der Wöchnerin. Es dauerte lange, bis Katharina sich erholte. Wohl aus dieser Zeit stammt der Bericht eines französischen Besuchers, der Melanchthon in seiner Studierstube fand, in der einen Hand ein Buch, in der anderen das Band, mit dem er die Wiege des Jüngsten schaukelte. Georg starb 1528. Aus Philipps Briefen wissen wir, dass er tief trauerte. Von Katharinas Trauer erfahren wir nichts.

Drei Jahre später wurde noch ein Mädchen geboren: Magdalene. Da wohnten die Melanchthons immer noch in der alten Bude. Das ärmliche Haus erschien auch den Kollegen nicht mehr angemessen, und als den berühmten Gelehrten Rufe an andere Universitäten erreichten, musste der Kurfürst handeln. Johann Friedrich der Großmütige unterstützte den Neubau eines bequemen großen Hauses – und die Familie blieb in Wittenberg, sehr zur Erleichterung Martin Luthers.

„Melanchthonstube" in Wittenberg

Anders als sein Freund Luther war Melanchthon ein zärtlicher und nachgiebiger Vater. So ließen die Eltern es geschehen, dass die erst vierzehnjährige Anna heiratete und mit ihrem doppelt so alten Ehemann aus Wittenberg fortzog. Der Schwiegersohn, den Melanchthon als Schüler ins Haus aufgenommen und in vielfacher Weise gefördert hatte, quälte das unglückliche Mädchen jedoch durch seine Eifersucht und Rücksichtslosigkeit so sehr, dass die frommen Eltern daran dachten, sie durch eine Scheidung aus dieser unseligen Verbindung zu befreien. Katharina reiste nach Frankfurt an der Oder, als Anna dort ihr viertes Kind bekam, und versuchte vergeblich eine Lösung zu finden. Die junge Familie zog weiter nach Königsberg, dort starb Anna nach der sechsten Geburt mit 24 Jahren. In Melanchthons Briefen lesen wir von der Verzweiflung der Eltern über das Schicksal des so geliebten Kindes.

37 Jahre lang lebten Philipp und Katharina miteinander. Nie mehr hat Melanchthon in späteren Jahren über die „Knechtschaft" der Ehe geklagt. Oft war er krank und ließ sich von Katharina pflegen. In den Konflikten um die Lehre Luthers, in denen er sich immer um Verständigung mühte, brauchte er Trost und Unterstützung. Auch Katharina litt mit

Lucas Cranach d. J., Philipp Melanchthon 1559

zunehmendem Alter unter großen körperlichen Schmerzen. Als Melanchthon 1557 in Worms im Auftrag der Evangelischen verhandelte, starb sie in Wittenberg. Die Botschaft erreichte ihn während eines Aufenthalts in Heidelberg. Nur zweieinhalb Jahre hat er seine Frau überlebt.

Obgleich ich viele menschliche Gründe sammle,
die meinen Kummer lindern sollen, so bricht doch die Liebe
zu ihr immer wieder mit einer solchen Gewalt hervor,
dass ich dem Schmerz fast erliege.

Melanchthon in einem Brief nach dem Tod Katharinas

Die Autorin

Ursula Koch wurde 1944 in Gunzenhausen/Mittelfranken als Ursula Hirt geboren und wuchs in Berlin auf. 1962/63 verbrachte sie ein Jahr in den USA und studierte 1964-1969 Germanistik, Geschichte und ev. Theologie in Berlin, Frankfurt/M. und Mainz. 1971–2006 war sie als Lehrerin am Gymnasium für Deutsch, Geschichte und ev. Religion tätig. Seit 1968 ist sie verheiratet und hat zwei erwachsene Kinder.
1977-1980 lebte die Familie nach mehrmonatiger Sprachausbildung in Frankreich, drei Jahre in Obervolta (heute: Burkina Faso) / Westafrika, wo der Ehemann im Rahmen der evangelischen Entwicklungshilfe tätig war. Seither betreut das Ehepaar kirchliche Sozialprojekte in Burkina Faso.
1985 erschien das erste Buch von Ursula Koch im Brunnen Verlag/Gießen, seither schreibt sie regelmäßig und veröffentlicht mit dem Schwerpunkt: biografische Erzählungen, Romanbiografien, Lyrik.
Der Roman „Rosen im Schnee" über das Leben der Katharina Luther erschien in vierzehn Auflagen und wurde in sechs Sprachen übersetzt.

Bildnachweis

Seite 7, 31, 36: © akg-images

Bildbeschreibung

Umschlag: Wibrandis Rosenblatt, Idelette Calvin, Argula von Grumbach,
             Katharina Luther (von links nach rechts)
Vorsatz: Ansicht der Stadt Wittenberg, 1536
Nachsatz: Basel 1493 in der Scheldeschen Weltchronik

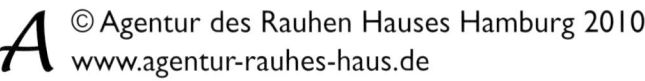 © Agentur des Rauhen Hauses Hamburg 2010
www.agentur-rauhes-haus.de

Umschlaggestaltung: Christine Paxmann, München
Satz und Litho: DTP Team Rau GmbH, Hannover
Schrift: Gill Sans
Druck und Bindung: L.E.G.O., Vicenza, Italien

Der Umwelt zuliebe gedruckt auf chlorfrei gebleichtem Papier.

ISBN 978-3-7600-1532-3
Best.-Nr. I 1532-3

BASILEA